Inhalt

Das Stromberg-Phänomen - Klettern Bürofieslinge auf der Karriereleiter besonders weit nach oben?

Kernthesen

Beitrag

Fallbeispiele

Weiterführende Literatur

Impressum

Das Stromberg-Phänomen - Klettern Bürofieslinge auf der Karriereleiter besonders weit nach oben?

Harald Reil

Kernthesen

- Die preisgekrönte Fernsehserie Stromberg nimmt den deutschen Büroalltag aufs Korn. Die erschreckende Moral: Wer fies ist und auf die Ellenbogen-Strategie setzt, kommt voran.
- Fachwissen und Engagement sind zwar wichtig, allein können sie eine Karriere allerdings nicht befördern.
- Ebenso wichtig für eine aktive

Karrierestrategie sind ein ausgedehntes Beziehungsnetzwerk, die Fähigkeit zur Selbst-PR und das gelegentliche Mittagessen mit dem Chef.
- Forscher wollen das "selbstlose Gen" entdeckt haben. Ihre These: Unternehmen, die strategisch auf Eigennutz setzten, sind weniger produktiv. Stimmt dagegen das System, können Mitarbeiter auch uneigennützig und kooperativ sein.

Beitrag

Stechen Buckler und Treter die fleißigen Arbeitsbienen aus?

Bernd Stromberg ist ein Ekel par excellence: selbstverliebt, ein Buckler nach oben und ein Treter nach unten - also ein Vorgesetzter im mittleren Management, wie er im Buche steht? Natürlich ist Stromberg, die Hauptfigur der gleichnamigen Fernsehserie gnadenlos überzeichnet, völlig wirklichkeitsfremd scheint sein Charakter aber nicht zu sein. Wie sonst ließe sich erklären, dass sich Millionen deutscher Fernsehzuschauer über die Winkelzüge des Bürofieslings abwechselnd empören und darüber lustig machen? Endlich haben sie ein Ventil gefunden, das ihnen erlaubt, die Demütigungen, die sie täglich von ihren ganz persönlichen Strombergs erleiden müssen, während einiger kurzweiliger Minuten einfach wegzulachen. So viel ist zumindest sicher: Die Serie, die bereits eine Reihe renommierter Fernsehpreise abgeräumt hat, trifft den Nerv der Zeit. Vor diesem Hintergrund stellen sich folgende Fragen: Ist es wirklich nötig, ein intrigantes Ekel à la Stromberg zu sein - oder zu werden -, um auf der Karriereleiter nach oben zu klettern? Werden die fleißigen Arbeitsbienen daher nie zu Königen beziehungsweise zu Königinnen aufsteigen? Oder prosaischer formuliert: Welche Strategie sollten Arbeitnehmer an den Tag legen, um beruflich voranzukommen? (1)

Gut für die Karriere: Das gelegentliche Mittagessen mit dem Chef

Traut man der vorherrschenden Meinung von Personalchefs und Personalberatern, dann liegt die Antwort klar auf der Hand: Wer lediglich auf Fachwissen und Engagement setzt, hat von Anfang an verloren. Zwar streiten die Human-Resources-Experten keineswegs ab, dass diese Bausteine für den beruflichen Aufstieg nicht zu vernachlässigen sind; für genauso wichtig, wenn nicht sogar für entscheidender, halten sie aber die taktische und strategische Positionierung innerhalb des Unternehmens, das Knüpfen von Beziehungsnetzen und den Mut, andere sagen auch Chuzpe dazu, sich und die eigenen Leistungen im besten Licht zu präsentieren - natürlich vor den maßgeblichen Leuten. Dazu gehört auch das gelegentliche Mittagessen mit dem Chef und vielleicht sogar ab und an das unauffällig-abfällige Wörtchen über den Kollegen X, der sich zwar redlich müht, aber, um ehrlich zu sein, nur wenig auf die Reihe bringt. Vor allem Frauen winden sich vor Scham, wenn ihnen abverlangt wird, sich so offensichtlich anzubiedern. In diesem Fall aber gibt es nur eine Nachricht, und die ist schlecht: Es gehört zum Spiel. Davon zumindest sind nicht wenige Experten überzeugt. Wer sich in der Hackordnung nach oben picken will, muss Gefallen an den Machtspielchen finden, behaupten sie. (2), (5)

Sozialdarwinismus versus Philanthropie

Gilt also im Büroalltag das sozialdarwinistische Prinzip des Überlebenskampfes? Oder anders formuliert: Kommen jene Mitarbeiter voran, die ihre Konkurrenten nach allen Regeln der Kunst vorführen und schließlich kaltblütig ausstechen? Haben also Spencer und Hobbes Recht, wenn sie die angeborene Philanthropie des Menschen verleugnen und ihn wie zum Beispiel Hobbes als "Homo homini lupus" - als Mensch, der dem Menschen ein Wolf ist - bezeichnen? Wenn auch vieles für diese These spricht, ganz so einfach ist die Sache nicht. Denn mittlerweile gibt es auch moderne Forscher, die die konträre Meinung vertreten. Einer davon ist Martin Nowak, der an der Harvard University Biologie unterrichtet. Er glaubt, das "selbstlose Gen" entdeckt zu haben. Sein Argument: Die Evolution hat in einer Welt, die von Kampf und Wettbewerb geprägt ist, auch die Fähigkeit zur Zusammenarbeit hervorgebracht. Auf die Arbeitswelt übertragen, bedeutet das Folgendes: Unternehmen, die auf Eigennutz setzen, sind oft weniger erfolgreich als jene, die sich das Engagement ihrer Mitarbeiter strategisch zunutze machen. Wir sind also nur deswegen so gemein und egoistisch zueinander, weil die Rahmenbedingungen nicht stimmen. Wäre die Arbeitswelt anders organisiert, würden Unternehmen und Mitarbeiter strategisch auf eine gemeinsame Vision hinarbeiten, und zwar ohne strikte Hierarchisierung, materielle Belohnungen und Sanktionen, dann würde auch das Büroekel schließlich ad acta gelegt. (3)

Trends

Mitmachnetz - nichts für karrieregeile Bürostrategen

Ein Trend, der vielleicht durch die Entwicklung der modernen Kommunikationstechnologien initiiert wird, wird dem Büroekel vielleicht den Garaus machen oder es zumindest zu einer Spezies degradieren, die kaum mehr Schaden anrichten kann. Das Mitmachnetz baut Hierarchien ab und trägt so zu einer Demokratisierung der Firmenkultur bei. In diesen flacheren Strukturen steht nicht so sehr das persönliche Fortkommen im Vordergrund, sondern das Arbeiten an der Sache. Dass der Mensch sich der Utopie einer besseren Arbeitswelt zumindest annähern kann und die Theorie vom "selbstlosen Gen" nicht völlig aus der Luft gegriffen ist, zeigt die gemeinsame Arbeit an Open-Source-Software oder das Beispiel Wikipedia. Zahlreiche Menschen rund um den Globus werkeln Tag für Tag uneigennützig an der mittlerweile größten Infoplattform der digitalen Welt. Was sie eint, ist eine gemeinsame Vision - nämlich das Wissen der Menschheit noch genauer, noch besser und noch umfassender zu dokumentieren. Schleimer, Buckler und karriergeile Egomanen sind da nicht gefragt. (3), (7)

Fallbeispiele

Juraprofessorin fordert Drill als Mittel zum Erfolg

Amy Cua, Juraprofessorin an der renommierten amerikanischen Yale University, glaubt felsenfest an das Drillprinzip. Am besten sieht sie es im chinesischen Erziehungssystem verwirklicht. Schüler aus dem Land der Mitte schnitten deshalb so gut bei internationalen Wissensvergleichen ab, weil sie extrem gefordert würden. Ob diese Elite, die vor allem in naturwissenschaftlichen Fächern glänzt, später auch gute Mitarbeiter oder Führungskräfte werden, ist allerdings fraglich. Kritiker werfen der chinesischen Erziehungsmethode einen Hang zur Robotik vor. Wer nur Wissen paukt und seine Soft Skills nicht entwickelt, wird zur menschlichen Maschine. Das heißt: Kreativität und Humanität bleiben auf der Strecke. Die spätere Bürohölle wird so schon im Kindesalter programmiert. (4)

Das System bestimmt das Verhalten

Die Kooperationsbereitschaft von Menschen oder das genaue Gegenteil hängen in einem hohen Maß von den äußeren Umständen ab. Das zeigen Experimente, die der amerikanische Sozialpsychologe Lee Ross mit Studenten und israelischen Kampfpiloten veranstaltet hat. Aus den Teilnehmern des Experiments formte er zwei Gruppen, wobei die Verteilung Studenten und Kampfpiloten in beiden Fraktionen dieselbe war. Der ersten der beiden Gruppen teilten Lee und seine Mitarbeiter mit, dass sie das "Community Game" spielen würde, die zweite spielte das "Wall Street Game". Das Ergebnis: Während sich im ersten Team 70 Prozent der Teilnehmer kooperativ verhielten, war das Verhältnis in Gruppe 2 genau umgekehrt: Dort agierten 70 Prozent der Spieler eigennützig. Die restlichen 30 Prozent, die sich zuerst kooperativ verhalten hatten, passten sich den anderen an und agierten alsbald genauso rücksichtslos wie die anderen. Die logische Schlussfolgerung: Das System hat einen entscheidenden Einfluss auf das Verhalten. Solange die Arbeitswelt also ihre tradierten Formen nicht ändert, wird sich auch das hierarchische Denken nicht aus den Köpfen der Mitarbeiter vertreiben lassen. Die beste Karrierestrategie bleibt daher nach wie vor das Treten-und-Buckeln-Prinzip. Nicht die Sache steht im Vordergrund, sondern der persönliche Fortschritt. (3)

Genderzentrum unterstützt Frauen bei der Karriereplanung

Das Genderzentrum der TU München bietet hochqualifizierten Studentinnen und Wissenschaftlerinnen eine Trainingsreihe an, um sie bei ihrer Berufs- und Karriereplanung zu unterstützen. Eine Kombination aus Mentoring-, Coaching- und Qualifizierungsmaßnahmen will die Frauen auf die Arbeitswelt vorbereiten und ihnen helfen, darin zu bestehen. (6)

Weiterführende Literatur

(1) Das Büro-Ekel meldet sich zurück Christoph Maria Herbst stellt die neue "Stromberg"- Staffel vor - und verrät, dass Frauen den Fiesling sexy finden VIP LOUNGE
aus Hamburger Morgenpost vom 21.09.2011 Seite 14

(2) Wie man Karriere macht
aus Allgemeine Hotel- und Gastronomie-Zeitung 25 vom 18.06.2011 Seite 0A1

(3) Das selbstlose Gen
aus Allgemeine Hotel- und Gastronomie-Zeitung 25 vom 18.06.2011 Seite 0A1

(4) Macht Drill die besseren Manager?

aus "medianet" Nr. 1452/11 vom 22.02.2011 Seite: 4

(5) "Es ist wichtig, seine Stärken zu kennen"
aus Computerwoche, 23.01.2012, Nr. 04

(6) Stärken nutzen
aus Personal Nr. 7 vom 30.06.2011 Seite 044

(7) Palastrevolution - Das Mitmachnetz krempelt die Informationskultur in Unternehmen von Grund auf um
aus GENIOS WirtschaftsWissen Nr. 10 vom 04.10.2011

Impressum

Das Stromberg-Phänomen - Klettern Bürofieslinge auf der Karriereleiter besonders weit nach oben?

Bibliografische Information der deutschen Nationalbibliothek

Die Deutsche Nationalbibliothek verzeichnet diese Publikation in der deutschen Nationalbibliografie; detaillierte bibliografische Daten sind im Internet über http://dnb.d-nb.de abrufbar.

ISBN: 978-3-7379-1284-6

© 2015 GBI-Genios Deutsche Wirtschaftsdatenbank GmbH, Freischützstraße 96, 81927 München, www.genios.de

Alle Rechte vorbehalten. Dieses Werk ist einschließlich aller seiner Teile – z.B. Texte, Tabellen und Grafiken - urheberrechtlich geschützt. Jede Verwertung außerhalb der Grenzen des Urheberrechtsgesetzes bedarf der vorherigen Zustimmung des Verlags. Dies gilt insbesondere auch für auszugsweise Nachdrucke, fotomechanische Vervielfältigungen (Fotokopie/Mikroskopie), Übersetzungen, Auswertungen durch Datenbanken oder ähnliche Einrichtungen und die Einspeicherung und Verarbeitung in elektronischen Systemen.